REPRÉSENTATION PROPORTIONNELLE

DES MINORITÉS

ET DE TOUS LES GROUPES D'ELECTEURS

PAR UN

NOUVEAU MODE DE VOTATION

ASSURANT

LA SINCÉRITÉ ET L'ÉQUITÉ

DU SUFFRAGE UNIVERSEL

APAISEMENT ENTRE LES CITOYENS

PAR

Joseph FARCOT

Ingénieur-Constructeur à Saint-Ouen (Seine)
Officier de la Légion d'honneur

SAINT-OUEN

SOCIÉTE GÉNÉRALE D'IMPRIMERIE

RUE GEORGES

1880

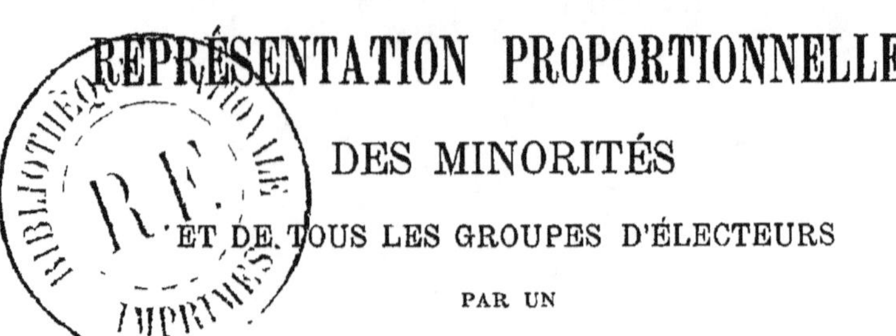

RÉPRÉSENTATION PROPORTIONNELLE

DES MINORITÉS

ET DE TOUS LES GROUPES D'ÉLECTEURS

PAR UN

NOUVEAU MODE DE VOTATION

ASSURANT

LA SINCÉRITÉ ET L'ÉQUITÉ

DU SUFFRAGE UNIVERSEL

APAISEMENT ENTRE LES CITOYENS

PAR

Joseph FARCOT

Ingénieur-Constructeur à Saint-Ouen (Seine)
Officier de la Légion d'honneur.

SAINT-OUEN

SOCIÉTÉ GÉNÉRALE D'IMPRIMERIE

RUE GEORGES

—

1880

PÉTITION

ADRESSÉE AU SÉNAT ET A LA CHAMBRE DES DÉPUTÉS

Pour demander la représentation proportionnelle des minorités
et de tous les groupes d'électeurs
par un **Nouveau mode de votation** assurant la sincérité
et l'équité du suffrage universel.

Cette petition a ete adressée au Senat et à la Chambre des Deputés
en Fevrier 1880.

Messieurs les Sénateurs,

Messieurs les Députés,

C'est un devoir pour un bon citoyen d'étudier et de mettre en lumière tout ce qui, à ses yeux, peut être utile au pays ; dans ce but, j'ai l'honneur de soumettre à votre appréciation **un mode nouveau de votation** qui me paraît être la solution équitable, complète et simple, cherchée depuis longtemps, du problème que voici :

Sauvegarder le droit de représentation des minorités, ou plutôt de chaque électeur, de tous les citoyens, c'est-à-dire assurer la sincérité, l'équité du suffrage universel.

Il serait inutile de démontrer longuement la nécessité d'une solution de ce genre. N'est-il pas évident pour des élections communales, par exemple, si, un collège de 1,000 électeurs, 501 s'entendent pour admettre une liste absolue et exclusive dans leur sens et de leur parti, ils pourront facilement constituer un conseil municipal dans lequel les 499 autres électeurs seront sans représentation aucune, restant pour lui comme non existants, de telle sorte, ces 499 seront à la merci de leurs adversaires ?

Les 501 pourront être de nouveaux venus, arrivés depuis peu de temps dans la commune, sans attache au sol, plus ou moins nomades, et néanmoins ils feront en tout la loi aux habitants anciens et permanents qui n'auront aucun moyen de défense légale contre eux.

Le conseil ainsi constitué pourra bouleverser le territoire, endetter la commune, le tout à la charge et au grand détriment des anciens habitants qui ne pourront s'y opposer.

Les 501 pourront aussi être, au contraire, des propriétaires du sol, plus ou moins hostiles aux classes ouvrières ; ils pourront alors, dans leur administration, opprimer les habitants plus pauvres, ne donnant satisfaction à aucun de leurs vœux les plus légitimes et de leurs besoins les plus urgents.

Ce sera le revers du premier cas.

Tout cela pour n'avoir pas établi une représentation réelle, équitable et sincère du corps électoral.

N'est-il pas de toute évidence qu'une assemblée délibérante quelconque, élue par des citoyens libres, doit être la représentation exacte, l'image fidèle du corps électoral dont elle émane, au nom de qui elle existe et agit?

Faute de satisfaire à cette condition vitale et nécessaire, les corps municipaux ont pu trop souvent, dans le passé, et pourront de plus en plus, dans l'avenir, compromettre les libertés du pays et la prospérité des communes.

Les choses se passeront de même pour les élections politiques, et ainsi, un grand pays peut flotter d'extrême en extrême, sans jeter l'ancre nulle part, sans s'arrêter à rien de stable et de réellement fécond et progressif, au grand péril de la liberté, de l'ordre, de la Patrie elle-même, et au grand mépris de la justice naturelle, du droit des citoyens.

L'histoire ne montre-t-elle pas qu'en bien des contrées, à bien des époques, ce déni de justice à l'égard des minorités, cet oubli du droit de l'individu, de chaque citoyen, a produit des ruines, rien que des ruines?

La solution que je vais indiquer pour ce problème est tellement simple qu'elle aura sans doute été déjà trouvée et présentée par d'autres; mais, s'il en est ainsi, ce que j'ignore, pourquoi ne l'avoir encore appliquée nulle part ?

Faute de résoudre le problème d'une façon ou d'une autre, il y a péril pour la prospérité du pays, pour les libertés communales et politiques et pour l'avenir de la France.

Voici cette solution :

Continuons, pour l'exposer, de raisonner sur l'exemple précité d'un collège de 1,000 électeurs communaux.

Supposons qu'ils aient à élire 25 représentants ou conseillers et que l'élection se fasse au scrutin de liste.

Posons d'abord les principes .

Chacun de ces électeurs possède et représente $\frac{1}{1000}$ du droit électoral et souverain de la commune ; il possède une voix qui équivaut à 25 votes ou suffrages; c'est là son droit civique imprescriptible, indiscutable, quoique constamment ou le plus souvent méconnu, en grande partie, jusqu'à présent, dans la pratique réelle des choses.

Si on ne consulte que l'équité naturelle et le simple bon sens, n'est-il pas évident que ce droit de chaque électeur, cette voix dont la valeur est de 25 votes, doit pouvoir à sa volonté être répartie sur le nombre de candidats que ledit électeur jugera devoir patronner ? Si alors il veut dépenser ce droit de vote sur 25 noms il ne donnera à chacun que $\frac{1}{25000}$ du droit électoral de la commune; si, au contraire, il ne veut patronner qu'un candidat, il lui donnera, par le fait, en toute justice, son droit particulier tout entier, sa voix équivalant à 25 votes ou suffrages, c'est-à-dire, à $\frac{1}{1000}$ de la puissance électorale totale?

S'il lui plaît de répartir sur 5 noms ses 25 votes disponibles, il donnera ainsi à chacun $\frac{1}{5}$ de sa voix, $= \frac{1}{5000}$ du droit électoral total.

Et ainsi de suite.

N'est-ce pas là, après réflexion, un droit naturel, certain, indiscutable, pour tout électeur?

La solution apparaît maintenant d'elle même en l'énoncé suivant :

Que chaque électeur ait le droit de voter pour le nombre de candidats qui lui conviendra, égal ou inférieur au nombre n des représentants à élire, en inscrivant toujours sur son bulletin de liste un nombre de noms égal à n, et répétant autant de fois qu'il voudra, dans

donnant, de plus, à chaque électeur la faculté de répartition et de totalisation énoncée ci-dessus, qui est son droit et la condition nécessaire de la sincérité, de la vérité du suffrage universel.

Je crois que, ce faisant, vous aurez contribué beaucoup à assurer, dans le présent et dans l'avenir, l'apaisement et la justice entre les citoyens, la prospérité de la France et le salut de la République.

J'ai l'honneur d'être,

MESSIEURS LES SÉNATEURS,

MESSIEURS LES DÉPUTÉS,

Votre respectueux concitoyen,

JOSEPH FARCOT,

Ingénieur-Constructeur à Saint-Ouen (Seine)
Officier de la Légion d'honneur.

Saint-Ouen, le 7 février 1880.

443-80. — Saint-Ouen (Seine). — Imp. JULES BOYER.